Puebla

EVEREST

Coordinación editorial / Editorial coordination: Jaime Díaz

Texto / Text: Héctor Azar Barbar

Fotografías / Photographs: Adrian Burns

Fotografías de cubierta y segunda guarda de cubierta /
Cover and inside back cover photographs: Marissa Pedroche Gómez

Diagramación / Layout: Gerardo Rodera

Diseño de cubierta / Cover design: Alfredo Anievas

Tratamiento digital de imagen / Digital image processing: Marcos Rodríguez

SEGUNDA EDICIÓN / SECOND EDITION

Carretera León-La Coruña, km 5 - LEÓN
ISBN: 84-241-3600-4
Depósito legal / Legal deposit: LE. 171-2001
Printed in Spain - Impreso en España

EDITORIAL EVERGRÁFICAS, S. L.
Carretera León-La Coruña, km 5
LEÓN (España / Spain)

PRESENTACIÓN

«Buena mano recibieron los ángeles de los indios», escribió Fray Toribio de Benavente refiriéndose a Puebla, la ciudad concebida por sus fundadores a partir del pensamiento filosófico de Tomás Moro: perfecta en su traza y asentada en un valle coronado por el Popocatépetl, el Iztaccíhuatl, La Malinche y el Citlaltépetl, los cuatro volcanes en cuyas faldas abunda el agua...

El lugar ideal para ensayar lo que el teólogo inglés sugirió como «república política»...

El punto de partida para el desarrollo social, artístico e intelectual de hombres empeñados en trascender con la idea de legar ejemplos de fortaleza espiritual y vocación humanista.

Aquella misión, iniciada hace 468 años, nos hace sentir orgullosos de nuestra poblanidad y, además, comprometidos con todo lo que forma parte de la historia y la cultura que hizo del nuestro un pueblo con influencia y liderazgo en el «Nuevo Mundo».

El barroco de la Capilla del Rosario, nunca antes visto por ángeles u hombres; la música de piedra –como llamó a la Catedral el poeta Manuel M. Ponce–, donde lo sonidos pétreos reverberan en el tiempo; la pintura que, al decir de Francisco Cabrera, «se sitúa y acendra en los sentimientos humanos primarios del medio mexicano», y el bagaje intelectual de literatos, políticos, jurisconsultos, historiadores y revolucionarios, forman el caleidoscopio que incentiva la imaginación; la cultura que va desde la telas tramadas por manos indígenas, hasta los sonidos musicales que rompieron las barreras del tiempo para vivir en la intemporalidad.

Expresiones humanas convertidas en arte. Manifestaciones populares que aglutinan valores, creencias, actitudes y modos de ser. Conceptos éticos y estéticos que embellecen y colorean la vida. Tradiciones, símbolos, costumbres e historia que dan importancia a nuestro paso por la vida.

Nada de ello hubiese sido posible sin la bondad y los retos que ofrece el territorio poblano, generosidad que ha hecho de Puebla una tierra de oportunidades; un lugar en donde se funden valores, creencias, actitudes y estilos de vida.

Buena mano recibió la humanidad por parte de los poblanos, podríamos decir parafraseando al protector de los indígenas. La mano, la inteligencia, los sentimientos y la vocación social que crean el «alma nacional» (Alfonso Reyes *dixit*), forjaron la consistencia intelectual y artística de hombres que, aunque de carne y hueso, rivalizan en su obra con los míticos ángeles poblanos.

Melquiades Morales Flores
Gobernador Constitucional del Estado de Puebla

PRESENTATION

"Such a wondrous blessing was bestowed upon the angels of the Indians", wrote Brother Turibius of Benavente, referring to Puebla, the town conceived by its founders based upon the philosophical thinking of Thomas More. Indeed, this is a perfectly laid out town situated in a valley crowned by four volcanoes, El Popocatépetl, El Iztaccíhuatl, La Malinche and El Citlaltépetl, at whose feet water is seen to abound...

An ideal site to try out the renowned English theologist's proposal of a "political republic"...

A town that would witness the birth of the social, artistic and intellectual development of men who were determined to earn a place in history and wished to set an example of spiritual strength and humanistic commitment.

Their mission, which commenced some 468 years ago today, inspires us Poblanos with a great pride in this our home town and a commitment towards every aspect of its history and its culture, which have led our people to attain a role of influence and leadership within the "New World".

The Baroque ornamentation of the Capilla del Rosario, the like of which had never been seen before by man or angel; Puebla Cathedral - called "music of stone" by poet Manuel M. Ponce -, in which sounds of stone appear to reverberate through time; the paintings that, in the words of Francisco Cabrera, "centre around and are purified by the primary human feelings of the Mexican world"; and the intellectual heritage provided by men and women of literature, politicians, legal advisers, historians and revolutionaries - such is the kaleidoscopic source of inspiration that fuels the imagination of the people of Puebla, such is our culture, one that ranges from the cloth woven by native Indian hands to the musical sounds that have breached the boundaries of time to become immortal.

Puebla is brimming with human expressions that have attained the status of art. Popular manifestations that combine a series of values, beliefs, attitudes and dispositions. Ethical and aesthetic concepts that embellish and lend colour to life. Traditions, symbols, customs and history that give meaning to our ephemeral presence in this world.

None of this would have been possible without either the bounteous nature or the challenges that define the region of Puebla, whose many blessings have made this a veritable land of opportunities; a place in which different values, beliefs, attitudes and life styles are seen to blend in perfect harmony.

To borrow the phrase employed by Brother Turibius, the great benefactor of the indigenous population, it could be said that humanity has equally been bestowed with wondrous blessings by the people of Puebla. The said blessings, the intelligence, the feelings and the social vocation that go to make up the "soul of the nation" (Alfonso Reyes dixit), have forged the intellectual and artistic consistency of men who, despite being made of flesh and blood, have created works that rival those of the mythical angels of Puebla.

Melquiades Morales Flores
Constitutional Governor of the State of Puebla

Vista de Puebla. *View of Puebla.*

I. PÓRTICO DE LUCES, PUEBLA

En Puebla, la luz describe sus mejores trazos, prístina e inteligente arquitectura de la luz. La luminosidad de sus valles –noches y días– se inserta tan poderosamente en la retina del hijo pródigo, tanto como en el estado de ánimo del viajante, que no terminará jamás de descubrir nuevos datos del paisaje poblano. Luz que alienta y alimenta. Transparencia que permite advertir las profundas contradicciones del hombre y sus sistemas y que, generando el relámpago del amor o de la distancia, establece las dimensiones precisas de las relaciones humanas. En Puebla, la nítida luz analítica hizo surgir la chispa que encendiera la serpentina revolucionaria en nuestro país. Esa luz que camina y tiene propiedades de agua nutricia y engendradora, lo mismo que de fustigante y santa ira.

La fértil luz que ilumina la palabra **Tonantzintla** («el lugar de nuestra Madre», en náhuatl), la que irradia mosaicos y reflejos en Acatepec, la que no pudo ser apagada en los estoicos patios de Cholula. Acuosa luz que baña el jeroglifo de Atlixco: lágrima fértil, rostro de agua, superficie de tierra llena de haces de luz y flores de agua; la luz inmarcesible en el autorretrato goyesco de José Luis Rodríguez Alconedo; la sonora y recoleta luz del claustro de Huejotzingo, de las capillas posas de Calpan; luz ternísima del vidrio prensado de La Luz, ruta de Quetzalcóatl, luz de piedra; faro de la morería en Tepeaca; arcos trebolados de luces de las porciúnculas: Tecamachalco, Cuauhtinchán, Izúcar... Danza bruja y luminosa en la escarpada senda de la serranía filtrada: Puebla vestida de luces: argamasa, monjas coronadas, madonas, tallas, estofados en oro y pedrería, cartelas, lambrines, roleos, barros, sillerías, azulejos, alfarería polícroma, cúpulas, cupulines, linternillas... filtros insuperables de la luz. Juguetería, algarabía del tiempo y del espacio. Patria historia.

Capilla Real de Cholula. Interior.
Interior of the Capilla Real at Cholula.

I. PUEBLA, GATEWAY OF LIGHT

Murales de Juan Gerson en la Iglesia de Tecamachalco.

Murals by Juan Gerson gracing the church at Tecamachalco.

Nowhere else does light trace such magnificent forms as the pristine designs that grace the region of Puebla. Night and day its valleys exude a certain brightness, one that is indelibly engraved upon the minds of those who, like the prodigal son, have wandered from this their homeland, and which is the source of inspiration for travellers, who will never cease to discover new treasures amidst the landscape of Puebla. Puebla is bathed in a light that enlivens and nurtures the human soul; it is blessed with a clarity that reveals the profound contradictions surrounding man and all his creations and which, sparking off feelings ranging from love to indifference, reflects the true dimensions of human relations. Moreover, it was the sharp, analytical light of Puebla that first kindled the flame of revolution in Mexico. A light that symbolises progress and whose properties feature that of nutritional, life-giving water as well as that of savage, holy wrath.

To talk of light in Puebla is to talk of an entire spectrum of different lights: the fertile light that illuminates the word **Tonantzintla** ("the place of our Mother", in Náhuatl), the light that pervades the mosaics and reflections of Acatepec and which could not be extinguished in the stoic courtyards of Cholula; the watery light that bathes the Atlixco hieroglyph, which portrays a fertile tear, a face of water, and rays of light and water lilies covering the earth's surface; the undying light of the Goyesque self-portrait by José Luis Rodríguez Alconedo; the resonant, peaceful light of the cloister at Huejotzingo and the convent chapels at Calpan; the tender light of pressed glass at La Luz on the Quetzalcóatl route; the light of stone; the splendrous light of Moslem-style architecture at Tepeaca; the radiant trefoil arches at Tecamachalco,

Claustro del convento de Huejotzingo.

Cloister of the convent at Huejotzingo.

II. EN UN PRINCIPIO FUE EL SUEÑO

De un sueño promisorio nació la Puebla. De un sueño que se dio en el tiempo de la Pascua florida, pródiga en bellezas naturales, nació y edificóse esta Puebla a instancias y ruegos de la propia tierra, cuya tersura esperaba la mano del hombre para cederse en surcos surtidores del pan y la esperanza; la mano agrícola del hombre original americano, descubridora de labranzas y heredades como anticipada promesa para construir la casa del nuevo hombre, desde el espacio inventado –en ventura mayor– como la *Nueva España*. Aquí mismo, donde años y siglos anteriores el tiempo y el espacio saturaban el viento de *tes* y de *eles*, de *tes* y de *zetas* provocando nombres de la tierra nunca antes esperados, ni siquiera imaginados: Tlaxcala, Huejotzingo, Cholula *–la Roma de América, la Meca del Nuevo Mundo...*

A la izquierda, interior de Santa María de Tonantzintla. Abajo, salón de arte prehispánico en el Museo Amparo.

Left, interior of the Church of Santa María at Tonantzintla. Below, room dedicated to Prehispanic art at the Museo Amparo.

A la derecha, Cañones en el Fuerte de Guadalupe. Doble página siguiente: vista posterior de la Catedral con el Popocatépetl al fondo. Abajo, bailes típicos.

Cuauhtinchán and Izúcar... and the bewitching light that flits along the steep contours of the jagged mountain range. Puebla is a town draped in the light emanating so supremely from its mortar; its nuns crowned in glory, its Madonnas and sculptures; its exquisitely-carved gold and stone and its cartouches; its volutes; its earthenware, ashlars, tiles and polychrome pottery; its domes, cupolas and lanterns... Such are the whimsical designs created by time and space. Such is the history of this our homeland.

II. IN THE BEGINNING THERE WAS A DREAM

Puebla was born of a dream of great promise. Born of a dream that came about at Easter time, a time so abundant in natural beauty, and built at the request of the very earth, such a fine earth that awaited the hand of man to plough the furrows that would provide a source of both bread and hope. This was to be the hand of the original American man, a hand that would

Right, cannons at the Guadalupe Fortress. Two-page spread overleaf: view of the Cathedral from behind, with El Popocatépetl looming in the background. Below, typical regional dances.

Cerámica de El Parian. *El Parian ceramics.*

Se comenzaban los asentamientos de la modernidad en espacios antecedentes de la futura América, y en tiempos en que el hombre europeo inauguraba la edad histórica que prontamente llegaría a contenernos: la **Edad Moderna**. Impetuosa y transformadora Edad Moderna, cuyos conceptos nuevos habrían de convertirse en las novedosas vivencias que tomarían como aposentos los pensamientos y los sentimientos del hombre recientemente descubierto; de ese hombre americano que en rogación frailesca provocara el sueño generador de la Puebla de los Ángeles, para que con superior impulso y guiado por la estrella del Sur, en vigilancia creadora, se encaminara don Julián Garcés –primer obispo en tierra americana, con sede en Tlaxcala (1530)– y su episcopal cortejo hacia la recaptura final de la metáfora, hacia la ruptura cabal de lo onírico que le había mostrado «*un hermoso y dilatado campo, por medio del cual corría un cristalino río, y que estaba rodeado de otros dos campos que le ceñían y circunvalaban, poblados estos campos de variedad de yerbas y de flores cuya amenidad fomentaban y entretenían diferentes ojos y manantiales de agua que brotaban en todo su terreno, haciéndose entender que aquél era el lugar que se tenía preparado para la fundación, a cuyo tiempo* –seguimos en el viaje de la poesía– *vio descender de los cielos a él algunos ángeles que, echando los cordeles, plantaban y delineaban la nueva población*». «*Este es el lugar que me fue mostrado en el sueño, para que se funde la nueva ciudad*». Aquí, en el camino que iba del puerto de Veracruz a la Ciudad de México-Tenochtitlan, a 22 leguas distante de ésta, en 1531, a siete años del desembarco de los 12 misioneros franciscanos en el puerto de la Villa Rica de la Veracruz (1524).

Monumento al general Ignacio Zaragoza.
Monument to General Ignacio Zaragoza.

Y así, sobre el hecho real mínimo o máximo, la tradición popular –o sea, la imaginación pública tan llena siempre del deseo vehemente de la creatividad– tejió el bordado espléndidamente barroco de la posteridad, afirmando, por una parte, que en la elección para fundar la Puebla «*no había procedido industria humana sino que fueron los ángeles del sueño*»; y, por otra, dejando señalado el signo formal de *lo barroco* como destino manifiesto de la expresión de México entero: el México intemporal e inacabable. Aquéllos que partiendo de Puebla caracterizarían al país, entendido como síntesis venturosamente atávica de las dos fuerzas raciales –culturales a más no poder–, entablando el diálogo de la nacionalidad. Diálogo que a casi 500 años de distancia ostentamos ante el mundo con legítimo orgullo.

discover the fertile arable lands that in time were destined to become the home of a new man and would be known as *New Spain*. A newly invented territory whose unimaginable original place names had for centuries sown the winds with T's and L's and T's and Z's: Tlaxcala, Huejotzingo, Cholula – *the Rome of America, the Mecca of the New World.*

Settlements were founded at a time when the Europeans were ushering in the age of history that before long was to subdue us: the **Modern Age**. The impetuous, change-heralding Modern Age, the new concepts of which would inevitably be translated into the new experiences that were to befall the thoughts and feelings of the newly-discovered indigenous man; the very American man who was to evoke the dream of the creation of Puebla, the City of Angels, in order that, driven on by superior forces and guided by the ever watchful Southern Star, Julián Garcés – the first bishop of America (Tlaxcala, 1530) –, accompanied by his episcopal entourage, would set off to materialise the dream in which he had been shown: "a beautiful, extensive field through which ran a river of crystal-clear waters and which was surrounded by another two fields that were brimming with a variety of herbs and flowers, the sight of which was a delight for any eyes, and contained abundant springs of water; clearly this was the place that had been chosen for the foundation of the town. At this point," the poetic description continues, "the bishop saw angels descending towards him; bringing with them stringlines with which to mark out the limits of the new town." Garcés was himself to declare: "This is the place shown to me in my dreams, the place where the new town is to be founded." And thus it came to pass that Puebla was founded, at a point on the road leading from the port of Vera Cruz to the City of Mexico-Tenochtitlan, at a distance of 22 leagues from the latter, in 1531, seven years after the 12 Franciscan missionaries had landed at the port of Villa Rica de la Veracruz (1524).

Pared con talavera.
Casa de la Bóveda. Detalle de la entrada.

Talavera tile wall.
Casa de la Bóveda. Detail of the entrance.

III. FRAY TORIBIO DE BENAVENTE

Pero atendamos la prosa llanamente poética del hermano Toribio de Benavente, cuando refiere las características del asentamiento en este *altillo* –prodigio de la luz y bondadosa comarca–, y de cómo los nuevos habitantes de aquella nueva población: «venían juntos por su camino con toda su gente cargada de los materiales que era menester para luego hacer sus casas de paja; pues vinieron de Tlaxcala sobre siete u ocho mil trabajadores, y poco menos de Huejotzingo y Calpan, y lo mesmo de Tepeaca e de Chalollan, e traían maderos largos para armazón de las techumbres y ataduras o cordeles, y mucha paja de casas, y el monte que no está muy lejos para toda la otra madera. Y entraban cantando con sus banderines y tañendo campanas y atavales y otros con danzas de muchachos y con variados bailes, pues su pueblo iba a principiar y acabaron sus casas en una semana».
Era esto en el principio de las aguas. Sí, el principio del agua engendradora:

Antes de San Juan,
el agua viene bajando
por el volcán;
después de ese día,
vamos a esperarla
por Santa Lucía.

Al cabo de la misa ofrecida por fray Toribio de Benavente –*Motolinia*, «el pobrecito», en lengua náhuatl– ante el obispo don Julián Garcés, el oidor Salmerón y un pequeño grupo de notables testimonian todos ellos el descenso de los ángeles, que en sus manos llevarían los cordeles agrimensores para trazar la Puebla. Ángeles, sí, pero por primera vez *ángeles morenos*, ya que no eran otros que aborígenes vestidos de ángeles por fray Toribio, a la manera de como solemos aún hacerlo en la actualidad durante pastorelas y autos sacramentales, con los que se llevaría al cabo la conquista espiritual de la recientemente descubierta e inventada América.

IV. EL ALTO Y LOS BARRIOS

En el *altillo* donde se fundaría la ciudad, mediante este acto de sencilla teatralidad política y de profundo contenido religioso, corría el río que habría de llamarse **río de San Francisco**; el lugar donde se fundó la Puebla, que se conoce a la fecha como el **barrio de El Alto**. Ahí comienza la vida de la Puebla, en ese sitio comenzó la historia de la poblanía que reconoce en fray Toribio de Benavente, o *Motolinia*, al «primer poblano»; el 16 de abril de 1531: primavera inmortal y sus indicios.
Después de **El Alto** aparecerían los asentamientos que ahora reconocemos como «Los Barrios de Puebla», de la Puebla motoliniana; todos ellos también asentamientos indígenas: el **barrio de Santa María**, el **de San Juan del Río** –más conocido como San Francisco o barrio de El Alto–, **Analco, barrio de Santiago, San Pablo de los Naturales, barrio de San Sebastián**, el **de San Miguelito** y, luego los arrabales de **Xanenetla** (piedra arenisca, formada por arena volcánica) y **Xonacatepec** («cerro de las cebollas»). Todos ellos dentro de la llamada «traza española».

Dos detalles de sendas fachadas de Puebla.
Details from two façades in Puebla.

And thus, whatever truth there might be in the story of the dream, popular tradition – that is, the imagination of a society forever seized by a burning desire to create – has managed to adorn the legend in a magnificently baroque fashion. This it has done by confirming that in the decision taken regarding the site of Puebla's foundation there had been *"no human intervention, only that of the angels who appeared in the dream"* and also by identifying *the Baroque* as constituting the ultimate expression of all Mexico, of timeless, everlasting Mexico. Many were the *Poblanos* who set out from their home town to define the identity of the country – a successful atavistic synthesis of the two racial and cultural forces –, thereby initiating the debate regarding Mexican nationality. A debate which, some 500 years on, we can hold up before the eyes of the world with justifiable pride.

III. BROTHER TURIBIUS OF BENAVENTE

Let us now turn our attention to the simple, poetic prose of Brother Turibius of Benavente, who tells of the nature of the settlement that arose on this particular hillock – a true marvel borne of light and the generosity of the region – and of how the people who came to inhabit the new town "made their way here together, carrying the materials they needed to build their straw houses; thus, some seven or eight thousand workers flocked to the settlement from Tlaxcala, along with slightly smaller contingents from Huejotzingo, Calpan, Tepeaca and Chelollan. They all brought with them long timbers to use as roof members, together with ties or cords and vast quantities of straw, in the knowledge that the nearby woodland held any other wood they might need. And so they made their entrance into the settlement, some waving flags to the sound of bells and drums, whilst others performed a variety of dances, in celebration of the birth of their town. They finished their houses in a week." All this came to pass at the beginning of the rainy season, on the arrival of the life-giving waters:

Before the Day of St John,
water comes running down
the volcano;
after that day,
we await its return
around the Day of St Lucia.

Upon the conclusion of the mass celebrated by Brother Turibius of Benavente – or *Motolinia* (Náhuatl: "poor little man"), as he was called by the natives – in the presence of Bishop Julián Garcés, Judge Salmerón and a small group of eminent personalities, a number of angels appeared, carrying the stringlines with which the future town of Puebla was to be marked out. This was the first time that anyone present had seen *dark-skinned angels,* Brother Turibius having dressed up some natives for the part, just as is still done today when pastorals and *autos sacramentales* or mystery religious plays are performed. Such plays were also used in the spiritual conquest of the recently discovered continent of America.

IV. EL ALTO AND THE OTHER DISTRICTS OF PUEBLA

Thus, by means of an act virtually bereft of political circumstance but of great religious significance, the town was founded on an *altillo* or hillock, down which flowed the river that in time would become known as the **Río de San Francisco**. The district where Puebla was established on 16th April in what has become the "immortal spring" of 1531 is that referred to today as **Barrio de El Alto**.

El gobierno de Manuel Bartlett Díaz (1993-1999) asumió la enorme responsabilidad de recuperar esta parte de la Puebla original, misma que a través del tiempo fue perdiendo carácter, ya que durante el siglo XIX se instalaron en ella factorías textiles que chocaron con el crecimiento urbano original. Todo aquello que llevaría a la UNESCO a declarar a la Puebla *Patrimonio Cultural de la Humanidad*, en 1988. Actualmente, la recuperación obtenida es calificada por propios y extraños de formidable.

V. ROSARIO DE ACONTECERES

De la propia Puebla motoliniana, los poblanos partimos para habitar los rincones todos de nuestro mexicano domicilio, y de éste tratamos de proyectarnos al mundanal ruido finisecular del siglo XX, que empieza por advertir con asombro la significación social de lo que sería el nuevo mundo desde Puebla, a través de acontecimientos que estremecieron al mundo:

- La **fundación** de Puebla: **16 de abril de 1531**.
- La epopeya de la dignidad americana que tuvo lugar el **5 de mayo de 1862**, a través del triunfo del general Ignacio Zaragoza frente al ejército francés, considerado a la sazón como el primer ejército del mundo. A partir de entonces, Puebla se apellidó de Zaragoza: **Puebla de Zaragoza**.
- Y el primer estallido que propone cambios sociales irrumpió el **18 de noviembre de 1910**, desde el hogar de los hermanos Carmen, Aquiles y Máximo Serdán, calle 6 Oriente 206, actual **Museo de la Revolución Mexicana**.

Y no es circunstancia meramente casual que estas tres efemérides se dieran en el ámbito de la región poblana, ya que su causalidad, que no «casualidad», la han determinado nombres del más elevado rango humanista en la historia nacional: se puede mencionar con reverencia, una vez más, el nombre de Motolinia como el de un punto cardinal padre y maestro; el del arquitecto **fray Juan de Alameda**, constructor de los conventos franciscanos del siglo XVI, y el de **fray Andrés de San Miguel**, constructor de los conventos carmelitas del siglo XVI, verdaderas fortalezas de la fe unos y otros; el del obispo y virrey **don Juan de Palafox y Mendoza**, mitrado en el humanismo y en sapiencia, gigante incontenible y hacedor de lo que ahora conocemos como «grandeza poblana».

Interior de la Biblioteca Palafoxiana.

Inside view of the Biblioteca Palafoxiana.

Museo de la Revolución Mexicana. Recámara de Aquiles Serdán.

Museum of the Mexican Revolution. Hideout used by Aquiles Serdán.

El Alto witnessed the beginnings of the history of Puebla and of its citizens, who themselves hold Brother Turibius of Benavente, or *Motolinia*, to be the first *poblano* or inhabitant of Puebla. Subsequent to **El Alto**, but likewise dating from the times of Brother Turibius, a succession of other districts sprang up, which, known today as 'Los Barrios de Puebla', had all previously been native settlements. Thus, within the so-called "Spanish town limits", we find the district of **Santa María**, that of **San Juan del Río** – more commonly referred to as San Francisco or El Alto –, along with those of **Analco**, **Santiago**, **San Pablo de los Naturales**, **San Sebastián** and **San Miguelito**, and finally the outlying areas of **Xanenetla** (featuring volcanic sandstone) and **Xonacatepec** ("hill of the onions"). The government of Manuel Bartlett Díaz (1993-1999) took on the enormous responsibility of recovering this part of the original town of Puebla, which in the course of time had lost much of its character owing to the establishment of a series of textile factories in the 19th century, a turn of events that had entailed a total disruption of all previous urban development. In 1988 Puebla was declared by UNESCO as belonging to the Cultural Heritage of Mankind. Today, the local people and visitors alike regard the recovery programme as having been a great success.

V. CHAIN OF HISTORICAL EVENTS

As early as the days of Fray Turibius de Benavente, *Motolinia*, those born in Puebla ventured out from the town to settle in all four corners of their homeland. Today, as the twentieth century draws to a close, we *Poblanos* are striving to find a place in the hustle-and-bustle reality of worldly Mexico, a process which begins by calling attention to the social significance of the influence that was exerted by Puebla on the new world by means of the following three events, whose repercussions were to be felt on a world-wide scale:

- The foundation of Puebla on **16th April 1531**.
- The heroic defence of American dignity which came to pass on **5th May 1862**, when General Ignacio Zaragoza defeated the French army, at that time considered the most powerful in the world. Ever since this glorious victory, as a tribute to the illustrious military leader, the town has been known as **Puebla de Zaragoza**.
- The first outbreak of civil unrest in favour of social reform in Mexico, which was sparked off on **18th November 1910** at the home of Carmen, Aquiles and Máximo Serdán at 206, Calle 6 Oriente, the dwelling which today houses the **Museum of the Mexican Revolution**.

Todos ellos detonadores, a su vez, de la entrega creativa de tantos artistas de la plástica, la música y la literatura que, con su obra, le conceden sello personalísimo al ser y al estar de México. Ellos han sido, también, los constructores originales de la Puebla.

En la pluma cronista de Motolinia quedó el testimonio de que en esta comarca hay grandes pedreras y generosas canteras: piedra blanca y de buen grano para labrar pilares, portadas, retablos y ventanas; para esculpir piedras de molino del más recio grano; buena tierra para hacer ladrillos, adobes y tejas. Y porque esta ciudad tiene el favor de sus moradores, no basta disfavor alguno para dejar crecer y ser lo que ha de ser. Para construir al hombre y la casa del hombre.

* **1531.** Fundación de la Puebla, el 16 de abril.
* **1538.** La ciudad obtiene escudo de armas: cinco torres de oro sobre un campo reverdecido por la fertilidad.
* **1558.** Recibe el título de "Noble y Leal Ciudad de Puebla".
* **1576.** «Muy Noble y Muy Leal Ciudad de Puebla».
* **1649.** El 18 de abril se consagra la Catedral de Puebla.
* **1650.** Se funda la Biblioteca Palafoxiana.
* **1690.** Se consagra la Capilla del Rosario.
* **1862.** Puebla: «Baluarte de la Patria».
* **1910.** Puebla: «Cuna de la Revolución Mexicana».
* **1988.** Puebla: «Patrimonio Cultural de la Humanidad».

Patio de la Casa de la Cultura de Puebla.

Courtyard of the Puebla Cultural Centre.

Cenotafio vacío del Obispo Palafox y Mendoza, en la Catedral de Puebla.
Doble página siguiente, Vista general de la Basílica Catedral.

Empty cenotaph of Bishop Palafox y Mendoza, at Puebla Cathedral.
Two-page spread overleaf: general view of the Cathedral.

Moreover, it is no mere coincidence that the said three events should have occurred in the region of Puebla, since the personalities who proved instrumental in their coming about rank amongst the most eminent humanistic figures in Mexican history. In this regard we must once again cite the name of *Motolinia*, Brother Turibius of Benavente, in his role as founder father and guiding light, along with those of **Brother Juan de Alameda**, responsible for the building of the 16th-century Franciscan convents, and **Brother Andrés de San Miguel**, who oversaw the construction of the 16th-century Carmelite convents, all of which soon became veritable bastions of faith. Last but by no means least we should mention **Juan de Palafox y Mendoza**, bishop of Puebla and viceroy of New Spain, champion of humanism and wisdom, an irrepressible, truly outstanding figure, the creator of what is now known as the true "greatness of Puebla", namely its magnificent cathedral.

Each of these figures were in turn to act as catalysts for the great creative spirit shown by so many artists from the fields of plastic arts, music and literature, who through their works have lent a most individual character to the quintessential nature of Mexico. They, too, merit being considered as the original architects of Puebla.

The chronicles written by Brother Turibius of Benavente bear witness to the existence in the region of a number of highly productive quarries providing both a white, fine-grained stone well-suited to the sculpting of pillars, façades, retables and windows and a hard-grained stone for the production of millstones. *Motolinia* also extols the good-quality local earth, ideal for making bricks, adobes and tiles. And since Puebla is a town that has enjoyed the full support of its inhabitants, no setback has impeded its development into what it was always destined to be. A place for the edification of man and the construction of his abode.

1531. Puebla is founded on 16th April.
1538. The town is given its coat of arms, which features five golden towers over a fertile green field.
1558. Puebla is awarded the official title of "Noble and Loyal Town".

VI. LA PUEBLA CATEDRALICIA Y PALACIEGA

Un siglo transcurriría en que la Puebla –*Ciudad de los Ángeles*– se presentaría ante el mundo como una urbe grandiosa y llena de gracia, ciudad magistral y faro del más luminoso barroco que se diera en la recién inventada América. Todo ese formidable poderío expresivo que habría de alcanzar la Puebla bajo la dirección intelectual y humanista del obispo y virrey don Juan de Palafox y Mendoza, quien, nacido en Fitero, provincia de Navarra, durante nueve años escasos de rigurosa permanencia en la Nueva España hizo de la Puebla un centro de arte y de intelectualidad, dotándola de formidables instalaciones escolares: los **colegios de San Juan** y **de San Pablo**, el colegio superior para «la docta juventud poblana»; mismos que actualmente funcionan como centros de difusión cultural: la **Secretaría de Cultura** y la **Casa de la Cultura** de la Ciudad de Puebla, y sede –el de San Pedro– de la **Secretaría de Turismo** recién fundada.

Don Juan de Palafox y Mendoza fue impulsor de la construcción de la extraordinaria **Catedral de Puebla** –de planta basilical–, reputada como una de las catedrales más bellas de América junto con la de México –en la ciudad capital– y la de San Marcos –en la ciudad de Lima, capital de Perú.
La Basílica Catedral de Puebla es un joyel lleno de creatividad arquitectónica, y de hermosa y bien proporcionada monumentalidad. De estilo herreriano en su exterior, posee dos monumentos igual que singulares efemérides artísticas: el ciprés o baldaquino del Altar Mayor –debido a la mano maestra de Manuel Tolsá (1757-1816)–, en cuya presencia marmórea el escultor instaló a los célebres doctores de la catolicidad: san Agustín, san Ambrosio, san Jerónimo y san Gregorio, presididos por una imponderable *Inmaculada,* como pieza maestra dorada en bronce. Frente a este ciprés de riguroso estilo neoclásico, se propone el majestuoso *coro de la Catedral,* con tres órganos tubulares gigantes, la espléndida sillería coral tallada en marquetería al estilo mudéjar y un histórico facistol en el que se ostentan privilegiadamente los libros corales de la propia Basílica Catedral. Todo esto protegido con preciosura por rejas forjadas a mano, en el siglo XVIII.
Digno de mención, entre la muchedumbre de maravillas que encierra la prodigiosa Catedral de Puebla, se encuentra a la vista el *Cenotafio* –sepulcro donde se habrían de depositar las cenizas de don Juan de Palafox– que el propio virrey y obispo mandaría cavar para que sus restos mortales reposaran *ad perpetuam* en la Ciudad de los Ángeles, tan amada por él. Lo que no habría de alcanzarse, ya que el ilustre Palafox moriría en España requerido por el rey, para que ahí muriera y reposara hasta ahora en la catedral de El Burgo de Osma.

1576. Puebla receives the official title of "Most Noble and Loyal Town".
1649. Puebla Cathedral is consecrated on 18th April.
1650. The Palafoxian Library is founded.
1690. The *Capilla del Rosario* is consecrated.
1862. Puebla earns its reputation as the "Bastion of the Homeland".
1910. Puebla becomes the "Birthplace of the Mexican Revolution".
1988. Puebla is declared as forming part of the "Cultural Heritage of Mankind".

VI. PUEBLA CATHEDRAL AND THE TOWN'S PALACES

A century after its foundation, Puebla – *the City of Angels* – would afford the appearance of a grandiose, graceful town, one characterised by masterful features, and constituting an outstanding example of the most brilliant manifestations of the Baroque to be created in the newly discovered continent. Puebla was to attain such a remarkable status in terms of artistic expression under the intellectual and humanistic leadership of bishop and viceroy Juan de Palafox y Mendoza, who, born in Fitero in the province of Navarra, Spain, spent just nine years in New Spain, during which time he converted Puebla into a centre of artistic and intellectual activity, thereby endowing the town with magnificent educational facilities such as the schools of **San Juan** and **San Pablo** – the latter being the school for the "learned youth of Puebla". The buildings that once housed the said institutions today both serve cultural purposes, the former containing the **Department of Culture** and the **Cultural Centre** of Puebla, whereas the latter has become home to the recently established **Department of Tourism**.
Don Juan de Palafox y Mendoza was the driving force behind the construction of **Puebla Cathedral**, a truly extraordinary structure featuring a basilican ground plan and regarded as one of the most beautiful cathedrals in all America, alongside that of Mexico City and San Marcos Cathedral in the Peruvian capital, Lima.
Puebla Cathedral is a veritable jewel brimming with architectural creativity and beautiful, well-proportioned monumental elements. Boasting a Herrerian-style exterior, the cathedral has two outstanding features that both constitute singular highlights of its artistic history.

Página de al lado, interior de la Catedral de Puebla.

Opposite, Puebla Cathedral interior.

Gestiones van y vienen para que por lo menos parte de sus restos mortales ocupen su lugar en el cenotafio catedralicio en la Puebla y, con ello, se cumplan los deseos expresos del gran pastor y poeta, hombre de acción singular que fuera don Juan de Palafox, empeñado en hacer de la Puebla la *Atenas novohispana* o la *Atenas hispanoamericana*.

VII. CASONAS Y MANSIONES. AVENIDAS

Las casonas ejemplares de la arquitectura poblana, las mismas que ostentan la mezcla afortunada de los estilos románico, gótico, renacentista, herreriano, barroco, plateresco o churrigueresco –venidos de España y mezclados con innumerables detalles de la arquitectura precolombina– abundan en la *Puebla intemporal*, a tal punto que se podría afirmar que no existe una sola calle de la retícula urbanística que no contenga por lo menos una casa palaciega de fina portada en cantería, lambrines en los que se alterna la naturalidad del ladrillo con la nobleza del azulejo poblano venido de Talavera de la Reina; y todo ello enmarcado por la preciosura de la forja en hierro de rejas, barandales y balconerías con mosaicos alusivos a efemérides plagadas de historia y de encantamiento. Imágenes visuales de una arquitectura que no sólo se diera durante los siglos del Virreinato, sino que se prolongaría orgullosa y característica en el siglo XIX, a partir de su último cuarto.

Página de al lado, Casa de los Muñecos; vista general y detalle. En esta página, Avenida Reforma y Palacio de Gobierno.

Opposite, Casa de los Muñecos; general view and detail. This page, Avenida Reforma and the Palacio de Gobierno.

Firstly, there is the cypress tree baldachin or canopy gracing the High Altar. So masterfully sculpted in marble by Manuel Tolsá (1757-1816), it includes images portraying St Augustine, St Ambrose, St Jerome and St Gregory the Great, the illustrious Doctors of the Church, all of whom are presided over by a masterpiece in gilded bronze, one which simply cannot be praised too highly, namely the *Immaculate Conception*. Secondly, standing opposite this severe Neo-classical-style baldachin, we find the majestic cathedral choir, complete with three enormous pipe organs, magnificently carved stalls featuring Mudéjar-style marquetry and an historical lectern upon which the cathedral psalm books are displayed. The choir is beautifully protected by an 18th-century hand-wrought grille.

Particularly worthy of mention amongst the many wonders to be admired in Puebla Cathedral is the Cenotaph, the sepulchre in which the ashes of Don Juan de Palafox were intended to be buried and which was commissioned by the viceroy and bishop himself in order that his remains might rest for evermore in this the City of Angels that he loved so dearly. This was not to be, however, since on the king's command Palafox was to return to Spain, where he would die and be laid to rest in the cathedral at El Burgo de Osma. Steps are being taken in order to ensure that at least some of Don Juan de Palafox's mortal remains eventually take their rightful place in the Cenotaph at Puebla Cathedral, thereby fulfilling the express wishes of this great spiritual leader and poet, this most extraordinary man of action whose overwhelming desire was to make Puebla the Athens of New Spain or indeed of Latin America.

VII. STATELY HOMES AND MANSIONS. AVENUES

The stately homes or *casonas* so characteristic of the architecture of Puebla are those that embrace the Romanesque, the Gothic, the Renaissance, the Herrerian, the Baroque, the Plateresque and the Churrigueresque styles, which, having been brought to Mexico from Spain, were endowed with countless elements typical of Pre-Colombian architecture. So abundant are these buildings in the part of town we can call *Puebla Intemporal or Timeless Puebla* that it could be said that every single street had at least one such palatial residence, complete with its finely crafted ashlar façade, its adornments combining the natural feeling of brickwork and the noble aspect of the characteristic Puebla tiles from Talavera de la Reina.

Moreover, these *casonas* are beautifully adorned by wrought iron fences and balcony railings, along with delightful mosaics depicting events of great historical significance. Such are the visual impressions of an architectural form that was not restricted to the times of the Viceroyalty, but which would be proudly continued as from the late 19th century.

Situated on *Calle 2 Norte* and *Avenida Juan de Palafox* is the **Casa de los Muñecos**, which today houses the University Museum. Visitors can admire the building's three-level façade, which is adorned with Talavera tiles portraying non-religious themes. A truly fascinating arrangement comprising white-mortar jambs, bricks and tiles. Still surviving on the thoroughfare that as recently as 1996 was named Avenida Juan de Palafox y Mendoza are a series of carefully preserved *casonas* that are used by the University of Puebla for both educational and research

• La **Casa de los Muñecos**, actual Museo Universitario (2 Norte y Avenida Juan de Palafox), cuya fachada expone a la fascinación pública tres niveles decorados con retablos de talavera, utilizada para exponer temas no religiosos; todo ello entre jambas de argamasa blanca, ladrillos y azulejos en fascinante disposición. En la recientemente titulada Avenida Juan de Palafox y Mendoza (1996) permanecen, cuidadosamente preservadas, una serie de ejemplares casonas que la Universidad Autónoma de Puebla utiliza lo mismo como espacios escolares que como centros de investigación, entre los que destaca la **Pinacoteca Universitaria**. Todas ellas son dignas de ser visitadas y disfrutadas como casonas de alto rango y señorío: la **Casa Presno** es la sede del Instituto de Ciencias Sociales y Humanidades; otras han sido acondicionadas como hoteles o viviendas en arrendamiento.

La Avenida Reforma es seguramente la calle de mayor concurrencia social de la ciudad, lugar de encuentro y de reencuentro, así como de transacciones comerciales. Una serie de casonas, que antaño fueron residenciales, se presentan al observador como instituciones bancarias, galerías mercantiles, boutiques y cafeterías.

En esta calle tiene su asiento el **Palacio de Gobierno del Estado**, sede del poder Ejecutivo y de la Secretaría de Gobernación desde 1967. Señorial edificio de armoniosas dimensiones, en su patio existe una fuente central rodeada de arcadas de piedra gris que le dan una elegante prestancia.

La Avenida Reforma desemboca en el llamado **Zócalo de Puebla**, plaza de armas que, siguiendo la planta tradicional dictada por Felipe II para los asentamientos urbanos de América, concentra el jardín público al que habrían de rodear los poderes edilicios, religiosos y el comercio principal del llamado «Centro Histórico de la Ciudad».

VIII. LOS COLEGIOS Y LA UNIVERSIDAD

En el costado oriente de la Catedral, se encuentra una serie de palacios de arquitectura con reminiscencias barrocas y vivamente renacentistas. En la calle 5 Oriente, en el espacio comprendido en el lateral izquierdo de la Catedral, quedaron ejemplarmente construidos los colegios que llegarían a constituir el **Seminario Tridentino:** el **colegio de San Pantaleón,** actual sede del Tribunal Superior de Justicia; el **de San Juan**, Casa de la Cultura de Puebla; así como el **Palacio Episcopal** o **colegio de San Pedro**, actual Secretaría de Turismo.

purposes and of which the **University Art Gallery** is the most outstanding example. All of these edifices are worthy of a visit as examples of former stately mansions. **Casa Presno**, for instance, today serves as the head offices of the Institute of Social Science and Humanities. Others have been converted into hotels or accommodation for rent.

Without a doubt, Avenida Reforma is socially speaking the busiest street in Puebla. A popular meeting place, this avenue is also a hive of commercial activity. It, too, is lined by a number of *casonas*, which once were upper-class residences and now are home to banking institutions, department stores, boutiques and cafés. Likewise giving onto Avenida Reforma is the **Palacio de Gobierno del Estado**, which since 1967 has been the seat of the Regional Executive and Department of the Interior. This is a harmoniously proportioned stately building at the centre of whose courtyard stands a fountain surrounded by grey stone arcading, a feature which lends a certain elegance to the whole. Avenida Reforma leads into the so-called **Zócalo de Puebla**, the town's main square. In keeping with the traditional design laid down by Philip II for all urban settlements in the New World, this square was arranged around a central public garden that in time would be encircled by the municipal authority buildings, the cathedral and the major commercial establishments that make up the so-called "Historical Town Centre".

VIII. RELIGIOUS COLLEGES AND THE UNIVERSITY

Facing the cathedral at its eastern end, there are a series of palaces whose architectural style is reminiscent of the Baroque and in particular the Renaissance. Along Calle 5 Oriente, on the stretch flanking the left side of the cathedral, a series of colleges were built that in time would together form the **Tridentine Seminary**, namely the **Colegio de San Pantaleón**, which today houses the High Court of Justice; the **Colegio de San Juan**, nowadays the Puebla Culture Centre; and the **Episcopal Palace** or **Colegio de San Pedro**, today home to the Department of Tourism.

At number 4, Calle 7 Oriente, lies the entrance to the former **Colegio de San Pedro**, which since 1993 has contained the offices of the Department of Culture. On the same street, at number 2, the highly popular *Art Initiation Workshops* – run by the said department – are held.

Returning to Calle 5 Oriente, we come across the **Palacio Legislativo**, the seat of the Puebla regional parliament, a peculiar art nouveau-style building whose predominant feature is its polychrome arabesque decoration, the intricate, expressive lines of which are here at their most extreme.

Palacio de Justicia.

Palacio de Justicia, the law courts of Puebla.

1762
PALACIO
DE
JUSTICIA

Zócalo. Portales. *El Zócalo. Arcading.*

El **Colegio de San Pablo**, que acoge las oficinas de la Secretaría de Cultura, a partir de 1993, tiene acceso por la calle 7 Oriente número 4, así como en el número 2 de esta misma calle, funcionan los concurridos *Talleres de Iniciación Artística* dependientes de esta Secretaría.
Volvemos a la calle 5 Oriente, en donde se asienta el **Palacio Legislativo**, curioso edificio de estilo *art nouveau* en cuya arquitectura predominan las líneas expresivas del arabesco policromado llevado al extremo.

IX. EL ZÓCALO Y EL AYUNTAMIENTO

El **Palacio Municipal de Puebla**, antiguo ayuntamiento construido sobre los cimientos de la original **Audiencia**, corresponde a un diseño neoclásico en cantería que sigue los ideales estéticos del *porfiriato* –la dictadura de tres décadas del general Porfirio Díaz–. Esta construcción tiene un corredor público conocido popularmente como «los portales», los mismos que circundan al Zócalo en sus lados norte, oriente y poniente, ya que en el costado sur lo delimita el precioso enrejado de la Basílica Catedral.
El Ayuntamiento tiene dos plantas y posee en su interior una señorial escalera de mármol que conduce a las oficinas municipales, entre las que destaca el **Salón de Cabildos,** con bellas alegorías pintadas en su techumbre.
Al lado de este imponente edificio se conservan –en muy buen estado–, las fachadas de casonas de variados estilos, destacando entre ellas las de apariencia mudéjar.
En el corredor de estos portales que rodean la **Plaza** o el **Zócalo,** que concentra espacios jardinados de primor, se ostenta la hermosa fuente colonial dedicada a san Miguel Arcángel, patrono espiritual de la región. En esos soportales, el visitante encuentra cafeterías, neverías, restaurantes, galerías y boutiques, idóneos para la tertulia y el consumo.
El zócalo de Puebla y sus portales son una especie atrapante de amena ágora salpicada de buen café, buen chocolate y magnífica gastronomía.

Zócalo. Fuente de San Miguel. *El Zócalo. San Miguel fountain.*

IX. THE MAIN SQUARE, "EL ZÓCALO", AND THE TOWN HALL

Erected over the foundations of what was originally the **Audiencia** or legal tribunal, the **Palacio Municipal** or town hall building is a Neo-classical style stonework construction that reflects the aesthetic ideals that prevailed during the so-called *Porfiriato*, that is, the thirty years of dictatorship to which Mexico was subjected under General Porfirio Díaz. The town hall façade boasts a public arcaded passageway commonly referred to as "*los portales*", a feature that is repeated on the northern, eastern and western sides of El Zócalo, the main square of Puebla, the southern side of which is lined by the beautiful Cathedral railings. The town hall is a two-storeyed structure whose interior is graced by a magnificent marble staircase that leads up to the municipal offices, the highlight of which is the **Salón de Cabildos** or Council Chamber, remarkable for its ceiling so delightfully adorned with allegories. Adjacent to this most impressive building stand the well-preserved façades belonging to a number of different style *casonas*, the most noteworthy of which being those affording a certain Mudéjar appearance.

At the heart of **El Zócalo**, amidst exquisitely arranged gardens, lies the beautiful Colonial-style fountain dedicated to St Michael the Archangel, the patron saint of the region of Puebla. Visitors to Puebla enjoy the many cafés, ice-cream parlours, restaurants, department stores and boutiques that are located behind the square's arcades in what is a veritable paradise for those who like shopping or simply chatting with friends.

Indeed, El Zócalo and its arcades are a kind of alluring gathering place where one can savour the good coffee, fine chocolate and magnificent cuisine that is on offer.

An exceptional corner of Puebla – owing to its secluded nature and its important buildings – is the little square presided over by the magnificent **Templo de la Compañía de Jesús**, which, having a basilica-style ground plan and an entrance adorned with grillework, boasts a façade exuding all the grace of the Baroque. Buried inside this church is Sister Catarina of San Juan, popularly known as *La China Poblana*. Rising up next to the church is the *Colegio Carolino*, a monumental building which today houses the Autonomous University of Puebla, the focal

Ayuntamiento de Puebla. Arriba, exterior. Abajo, Salón de Cabildos. Al lado, interior.

Puebla Town Hall. Above, exterior view. Below, the Council Chamber. Opposite, interior view.

ANGELIS SVIS DEVS
MANDAVIT DE TE
TE IN OMNIBVS VIIS TVIS

Iglesia de la Compañía de Jesús.

La Compañía de Jesús, church of the Society Of Jesus.

Espacio prodigioso –por lo que contiene de recoleto y significativo– es la plazoleta formada frente al magnífico **Templo de la Compañía de Jesús,** de planta basilical y hospitalario vestíbulo enrejado, con fachada llena de gracia barroca. En su interior reposan los restos mortales de sor Catarina de San Juan, conocida popularmente como la *China Poblana*. A su lado, el monumental Colegio Carolino, sede de la Universidad Autónoma de Puebla, que ofrece al visitante la majestad de sus espacios así como la enjundia de su construcción, la misma que determina la intensa vida universitaria que en la ciudad existe.
En el interior del *Carolino* se distinguen, por su importancia y presencia cultural el *Salón Barroco*, el *Paraninfo* para actos de alta jerarquía académica y la **Biblioteca José María Lafragua**.

Colegio Carolino. Detalle del Paraninfo y pasillo (arriba) y Biblioteca José María Lafragua (abajo).

Colegio Carolino. Detail of the Auditorium and corridor (above) and the José María Lafragua Library (below).

Dos aspectos de la Plazuela de los Sapos.

Two views of Plazuela de los Sapos.

X. MUSEOS, BAZARES Y GALERÍAS

Una calle peatonal conduce hacia la **Plazuela de los Sapos:** zona de artesanías y bazares en cuyos interiores se ofrecen tanto tesoros del pasado como sus reproducciones en multitud de objetos de arte de fuerte atractivo público. Lugar, también, de esparcimiento juvenil y de fiesta continua.

Edificio de presencia formidable en la ciudad es el

ex hospital de San Pedro, 4 Norte y 2 Oriente, muy cercano al zócalo y en la misma ruta paseante del **Templo de la Compañía**. Fundado en 1545 por órdenes reales como **Hospital de Hombres**, con la llegada del obispo Palafox extendió sus servicios a ambos sexos, y en el siglo XVIII lo tomó a su cargo la orden hospitalaria de San Juan de Dios.

La conclusión de la fábrica de este edificio y su funcionalidad datan del siglo XVII, y de entonces para acá se le han destinado múltiples usos, no todos ellos dignos de su condición humanitaria.

El exterior de «San Pedro» está revestido de grandes paños de ladrillo, que le dan apariencia señorial y grandiosa; un escudo catedralicio y dos mosaicos de regulares proporciones señalan que en él se instala la sede de la Dirección General de Ferias, Museos y Tradiciones de la Secretaría de Cultura, desde 1993. Actualmente se ha convertido en **Museo Poblano de Arte Virreinal**, en el que se ha aprovechado su inteligente distribución arquitectónica original para alojar una museología a la altura de las materias que contienen sus bóvedas. Anexo a este edificio se yergue el **Templo de San Pedro Apóstol**, de una sola nave y sobria y bella fachada de cantería.

Museo de Arte Virreinal. Columnas.
Viceroyalty Art Museum. Columns.

point of the town's thriving university community. Visitors to the university are struck by its majestic ambience and the sheer sturdiness of its construction. The most outstanding features of its interior – regarding their importance and their contribution to culture – are the *Salón Barroco*, the *Paraninfo* (the auditorium for events organised by the academic hierarchy) and the **José María Lafragua Library**.

X. MUSEUMS, BAZAARS AND ART GALLERIES

A pedestrian street leads us to the square called **Plazuela de los Sapos**, an area renowned for its handicrafts and its bazaars. Amongst the highly popular *objets d'art* that are on display, one will find both genuine antique treasures and their reproductions. Apparently forever in a festive spirit, this is also where the young people of Puebla spend their leisure time. Another splendid building to be seen in Puebla is the former **San Pedro Hospital**, situated on Calle 4 Norte and Calle 2 Oriente, not far from El Zócalo and on the same visitor's route that leads to the **Templo de la Compañía**. Founded by royal decree as a **Men's Hospital** in 1545, upon the arrival of Bishop Palafox it was extended to cater for both sexes. In the 18th century, the hospital was taken over by the Hospitallers, the religious Order established by St John of God.

Work on the construction of the hospital would not be completed until the 17th century. Since then, the building has served a variety of purposes, not all of which are worthy of its original humanitarian vocation.

The exterior of San Pedro is for the most part clad with brickwork, which lends it a rather stately and grandiose appearance. The cathedral coat of arms and two well-proportioned mosaics inform us that since 1993 this building has been home to the Fairs, Museums and Traditions Division of the Department of Culture. Today it has been converted to house the **Puebla Viceroyalty Art Museum**, its original architectural layout having been retained in order to do full justice to the items it holds. Adjacent to this building stands the **Church of San Pedro Apóstol**, which features an aisleless nave and a sober, beautiful stonework façade.

Casa de Alfeñique.

Próxima a este edificio está la singular y muy bella **Casa de Alfeñique**, llamada así por la dulce preciosura con la que están hechos sus adornos de aragamasa de exuberante estilo barroco. Es un palacio-museo de balcones, cornisas y aleros que alegran la vista de quien pasa por él. Situada en la esquina de 4 Oriente 6 Norte, las salas y salones de esta casa contienen códices, pinturas, objetos suntuarios, carruajes de épocas anteriores, así como prendas de vestir tales como el famoso traje de la *China Poblana,* pareja amorosa del chinaco.

Next to the former hospital building lies the singular, most beautiful **Casa del Alfeñique,** whose name is an allusion to its exuberant, exquisitely crafted Baroque ornamentation. Today a museum, this palatial style edifice features a series of balconies, cornices and eaves that delight all those who behold them. Located as it is on the corner of Calle 4 Oriente with Calle 6 Norte, the rooms and halls of this building contain codices, paintings, sumptuary objects and carriages dating from times gone by, as well as certain garments, such as the renowned outfit that belonged to *La China Poblana,* the lover of liberal guerrilla *El Chinaco.*

El **Museo Bello**, 3 Poniente y 3 Sur, se debe a la generosa iniciativa de su donador don José Luis Bello y González, según unos, y a don Mariano Bello Yacedo, según otros. El acervo artístico contenido en esta interesante casona lo constituyen, en su mayoría, piezas de los siglos XVII y XVIII, pinturas y objetos varios de origen europeo, así como también valiosas piezas del pasado colonial poblano: artesanías, muebles de marquetería y conchanácar, marfiles y huesos tallados con primor, forjas de hierro, tibores y mosaicos de talavera, vitrales y colecciones de porcelana china, y pintura ejemplar como la del gran poblano tlaxcalteca Agustín Arrieta, revelador como ningún otro pintor de la vida popular poblana durante el siglo XIX.

The **Bello Museum**, situated on Calle 3 Poniente and Calle 3 Sur, owes its collections to the generous donations that some believe to have been made by José Luis Bello y González, but which others assign to Mariano Bello Yacedo. The artistic heritage held within what is yet another interesting building comprises above all 17th and 18th-century pieces and several paintings and objects of European origin, as well as valuable exhibits dating from the Colonial period, such as handicraft items, furniture adorned with inlay and mother-of-pearl, meticulously carved ivories and bones, wrought iron articles, Talavera mosaics and earthenware jars, stained-glass windows, porcelain collections and quality paintings such as those of the great local artist, Agustín Arrieta, whose portrayals of the life of the people of Puebla in the 19th century are second to none.

En estas páginas y en la doble página siguiente, diferentes aspectos del Museo Bello.

These pages and two-page spread overleaf, different views of the Bello Museum.

WALK
ON THE CARPET

Museo Santa Rosa, exterior y cocina de talavera.

Santa Rosa Museum, exterior and kitchen clad in Talavera tiles.

Otro de los importantes museos que existen en la Ciudad de Puebla es el conocido **Museo de Santa Rosa** –en la calle 14 Poniente número 305–, fundado en el siglo XVII como beaterio para la vida retirada de mujeres que así lo desearan. Contiene un estupendo claustro de profesas en cuyo centro está instalada una de las más bellas fuentes de la ciudad, y todo el claustro se encuentra decorado con pinturas llenas de símbolos florales. En este convento se ha propuesto la instalación de un museo de artesanías. La tradición ha corrido la creencia de que aquí, en su increíble y feérica cocina totalmente azulejada, se concibieron las recetas de los más exquisitos manjares de la gastronomía poblana.

Another of the important museums in the town of Puebla is the renowned **Santa Rosa Museum**, situated at number 305, Calle 14 Poniente. The building dates back to the 17th century, when it was founded as a convent to provide a life of seclusion for any woman who wished to withdraw from society. It boasts a splendid cloister, at the heart of which we find one of the most beautiful fountains in Puebla. Furthermore, the whole cloister is decorated with paintings brimming with floral symbols.

Museo Santa Rosa. Patio, cestería y cerámica.

Santa Rosa Museum. Courtyard, wickerwork and ceramics.

El Museo de Santa Rosa ha sido propuesto, también recientemente, como un **Museo de Artes Étnicas** integrado a la producción artesanal y artística de las numerosas etnias indígenas que conviven en el estado de Puebla. Su conservación actual es de primera y constituye uno de los sitios ejemplares de la historia religiosa, artística y gastronómica de la Puebla.

It has been proposed that a handicraft museum be set up at this convent. According to tradition it was here, in the convent's remarkable, fairy-tale, fully tiled kitchen, that the recipes for the most delicious dishes of the local Puebla cuisine were first invented. Another recent proposal regarding the Santa Rosa Museum is that it should serve as a **Museum of Ethnic Art**, which could reflect the craftwork and artistic production of the many indigenous ethnic groups that live together in the State of Puebla. At present the museum building is in a fine state of repair and constitutes one of the most characteristic sites of the religious, artistic and gastronomic history of Puebla.

Museo de la Revolución Mexicana. Patio. *Museum of the Mexican Revolution. Courtyard.*

El **Museo de la Revolución Mexicana** es un centro más de curiosidad y atractivo para propios y forasteros que, instalado en el número 206 de la calle 6 Oriente, vino a ser el punto de partida del primer movimiento revolucionario que registra el siglo XX. Su importancia se subraya, ya que fue precisamente un hogar doméstico donde surgiera un movimiento social de tal naturaleza: la casa de los hermanos Serdán: Carmen, Aquiles y Máximo, como detonadores encendidos del movimiento de la Revolución Mexicana.

The **Museum of the Mexican Revolution** is yet another curiosity-arousing institution that appeals to both locals and visitors alike. Located at number 206, Calle 6 Oriente, this museum commemorates what was the birthplace of the first revolutionary movement to emerge in the 20th century. What makes this site all the more remarkable is the fact that a social movement of such magnitude should have originated in a humble abode, namely the home of Carmen Serdán and her brothers Aquiles and Máximo, who together were to light the fuse that set off the Mexican Revolution movement.

Museo de la Revolución Mexicana. Exterior. *Museum of the Mexican Revolution. Exterior.*

En esta casa de los Serdán –construcción que corresponde al siglo XIX– podemos comprobar las huellas fatales de la artillería, que dejó en la fachada el testimonio de su persecución. En su interior, un escondrijo subterráneo en el que Aquiles Serdán sería hallado para conducirlo al fusilamiento.

El **Museo de Santa Mónica** es otro de los espacios prodigiosos de la Puebla. Museo de arte religioso por excelencia, está instalado en el antiguo Convento de Santa Mónica –5 de Mayo y 18 Poniente–, refugio además de la honestidad femenina; el edificio conventual se construyó precisamente frente a la iglesia hospital de San Juan de Dios, para que en 1609 se destinara sucesivamente para «mujeres perdidas», colegio de doncellas y viudas pobres y, finalmente, monjas agustinas recoletas de Santa Mónica, la madre de San Agustín.
En la actualidad es un museo de arte religioso en donde concurren piezas de arte superior, pinturas y esculturas de otros museos. La entrada, misteriosamente propuesta, nos conduce al claustro de sobresaliente decoración barroca, azulejos y ladrillos evocando el estilo mudéjar. En la planta alta, una hermosa cocina de dos braseros azulejados da lugar a la sala *de profundis* y al refectorio, así como a la iglesia (siglo XVIII), en donde se venera con fervor nacional la imagen del **Señor de las Maravillas**, cuyas bondades y famas milagrosas se proyectan dentro y fuera del país.

Museo de Santa Mónica. Patio, detalle y Señor de las Maravillas.

Santa Mónica Museum. Courtyard, detail and the Lord of Wonders.

A testimony to the persecution of Carmen, Aquiles and Máximo, the marks left by artillery fire on the Serdán family home – a 19th-century construction – are still visible today. Inside the house, visitors can see the underground hideout in which Aquiles was found prior to being led off to be shot.

Another of the highlights of Puebla is the **Santa Mónica Museum**. Housed in the former Convent of Santa Mónica – situated on the corner of Calle 5 de Mayo with Calle 18 Poniente –, this museum contains what is a religious art collection *par excellence.* A true refuge for female dignity, the convent building was erected directly opposite the San Juan de Dios hospital and church, and as from 1609 would serve as a home for "fallen women", a school for maidens and poor widows, and, ultimately, as a convent for the Augustinian nuns of the Order of St Monica, the mother of St Augustine.

Santo Domingo. Plaza y cúpulas.

Santo Domingo. The square and the church domes.

Capilla del Rosario. Cristo Señor.
Al lado, Virgen del Rosario.
Doble página siguiente, vista del interior de la Capilla del Rosario.

XI. DOMUS ÁUREA

La **Capilla del Rosario** de la iglesia de Santo Domingo de Guzmán de Puebla se construye en 1690, para llegar a ser –de acuerdo con fray Pedro de Gorozpe– la *octava maravilla del Nuevo Mundo.* En ella la serpentina barroca, el roleo multiforme, asume el misterio de su simbolismo, de su concepción esotérica –entraña de perla y oro– para presentarse como una bíblica *escala de Job* que habría de ser recorrida mediante la oración y alcanzar en ella el estado de gracia, la comunión con el Espíritu Santo.

La Capilla del Rosario, *domus áurea,* cuya descripción armoniosa ofrece lo que puede llegar a ser un instante detenido en la intimidad del espacio religioso, recibe las luces lateralmente. Espacio humano en el que la fe y la esperanza emprenden una danza redentora semejante a la de las lenguas auríferas del fuego divinal. Los azulejos cariátides de ese campo movido por la tenue musicalidad de los rezos, o por aquélla otra que surge del coro armonizando el alma popular...; los querubines azulejos, decía, adquiriendo su propio lenguaje gestual, en tanto que las columnas salomónicas del ciprés imponderable estimulan su movimiento concéntrico y rigurosamente fervoroso.

En la capilla cordial, la Virgen del Rosario –*Máter admirabilis*– recoge complacida sus advocaciones, su coronada glorificación y su benévola asunción. En la capilla amada, *Asumpta est María.* Las visitaciones a su capilla –erigida hace 300 años– contienen aún gran parte de ese elogio de la luz que sigue siendo Puebla.

Capilla del Rosario. Christ Our Lord.
Opposite, Our Lady of the Rosary.
Two-page spread overleaf: interior view of the Capilla del Rosario.

Today the museum brings together fine works of religious art, along with paintings and sculptures on loan from other museums. The enigmatically designed museum entrance leads us through to the cloister, which features outstanding Baroque ornamentation, in addition to tiles and brickwork reminiscent of the Mudéjar style. On the top floor, we find a charming kitchen – complete with two tile-clad braziers – through which one can enter the room set aside for meditation *(sala de profundis)* and the refectory, as well as the 19th-century church where the faithful devoutly venerate the image of the **Lord of Wonders**, whose generosity and reputation as a miracle-worker are well known both in Mexico and abroad.

XI. DOMUS AUREA, THE HOUSE OF GOD

Built in 1690, the **Capilla del Rosario** (Chapel of Our Lady of the Rosary) at the Church of Santo Domingo de Guzmán was to become – to quote the words of Brother Pedro de Gorozpe – the *Eighth Wonder of the New World.* In this chapel, the twisting, spiralling Baroque elements and multiform scrolls manifest the full mystery of their symbolism and esoteric conception, and represent a kind of biblical *pathway of Job,* one that is ascended through prayer and which leads to a state of grace, that is, to communion with the Holy Spirit.

Illuminated from the side, the Capilla del Rosario is referred to as *domus aurea ("House of God"),* a description that reflects the full meaning of a moment in time spent in the intimacy of such a place of worship. A place frequented by humans in which faith and hope perform a redeeming dance reminiscent of the golden tongues of divine fire. The faint music of prayer or the soul-exalting music of the choir reverberate around the tile-clad chapel... such magnificent tiles, which take on a symbolic language all of their own, whilst the Solomonic columns of the unfathomable cypress tree accentuate the strictly fervent, concentric movement of the latter.

In the so-called *capilla cordial* (cordial chapel), the images of Our Lady of the Rosary – *Mater admirabilis* – comprise her many dedications, her crowning in glory and her benevolent assumption, whereas the portrayal of the Virgin in the *capilla amada* (the beloved chapel) is that entitled *Assumpta est Maria.* The magnificent depictions of the Visitation gracing the chapel – erected 300 years ago – help explain why Puebla is still regarded as a veritable celebration of light.

PALABRA

XII. TEMPLOS, CONVENTOS Y FORTALEZAS DE LA FE

Ciudad de los Ángeles, de templos y conventos y monjas coronadas por el tiempo que pasa sin pasar, de juventudes que asumen el pasado en términos de pretérito imperfecto y que salen a las calles con la convicción mayor incrustada en el pecho; de que «para lenguas, mujeres y campanas, las poblanas». Así es esto, como dijo el otro; o como dijo el clásico, que para el caso es lo mismo.

De los impresionistas conventos-fortalezas franciscanos y carmelitas, construidos en la Puebla durante el siglo XVI por fray Juan de Alameda y fray Andrés de San Miguel, se pasó a la preciosura arquitectónica que alterna la piedra, el ladrillo, las maderas, las argamasas y los enrejados en insuperables tratamientos, lo mismo barrocos que ultrabarrocos, en fachadas y templos de inimitable y juguetona apariencia. El retablo eclesiástico, entendido como la lección teológica precisa, lo mismo habla del origen del hombre que del pueblo de Dios, igual con polvos de oro que con piedra de cantería finamente labrada.

Es el caso de la muchedumbre de templos poblanos que proliferan en la *Puebla Intemporal*:

• **San Cristóbal** –4 Norte y 6 Oriente–, casa de asilo para niños abandonados, fundada en 1604, ejemplo de fina cantería en movimiento y casa del primitivo Patrono de la ciudad, San Cristóbal. En su interior resalta una delicada ornamentación barroca de yesería sin dorar.

XII. CHURCHES, CONVENTS AND FORTRESSES OF FAITH

This, then, is the City of Angels, one replete with churches, convents and nuns crowned by time. A time that in Puebla relentlessly passes but nevertheless remains forever present. This is a town whose young generations are well aware of this perdurance of the past in the present and hold dear the old anonymous saying – in all likelihood penned by a Classical author – that *"the best language, the best women and the best bells are all to be found in Puebla."*

In the course of time, the impressive Franciscan and Carmelite fortress-style convents built in Puebla in the 16th century by Brother Juan de Alameda and Brother Andrés de San Miguel were to give way to structures of great architectural beauty featuring unsurpassable combinations of stone, brick, wood, mortar and grillework. Thus, a series of façades and churches affording an inimitable, whimsical appearance were designed in either conventional or excessively ornate Baroque style. The retables to be found in such constructions – interpreted as constituting lessons in theology – either depict the origin of man or portray the people of God, using gold dust or finely worked ashlars.

Such is the case of the many and varied churches that are so abundant in *Timeless Puebla*:

Santuario de Guadalupe. *Sanctuary of Guadalupe.*

• **San Cristóbal**, situated on Calle 4 Norte and Calle 6 Oriente. Founded in 1604, this church provided a home for abandoned children and is an example of fine, flowing ashlarwork. Dedicated to the town's original patron saint, St Christopher, it has an interior boasting a delicate, Baroque ornamentation in ungilded plasterwork.

Santuario de Guadalupe. Fachada.

Sanctuary of Guadalupe. Façade.

• **Santa Clara** –2 Norte y 6 Oriente–, con su famosa imagen de san Antonio del «Cuerito», favorita de los enamorados. Esta iglesia remata la calle en que numerosas dulcerías ofrecen la deliciosa repostería poblana.
• **Parroquia de San José** –18 Oriente y 2 Norte–, construida en los siglos XVI y XVII, con tres capillas: la de Santa Ana, la de los Naturales y la de Jesús Nazareno. Su sacristía, tanto como sus cúpulas, son de las más bellas de Puebla.
• **Templo de la Merced** –10 Poniente y 5 Norte–, sede del antiguo convento de la orden militar de la Merced para la salvación de cautivos cristianos. Los mercedarios llegaron a América en 1598. La ornamentación de este templo es notable en sus tableros y en sus cornisamientos.
• **Templo de Santo Domingo de Guzmán** –5 de Mayo y 4 Poniente–, cuya orden dominica llegó a Puebla hacia 1534. El primer obispo y fundador de la Puebla, fray Julián Garcés, fue dominico y favoreció el establecimiento de su orden en la ciudad. La iglesia de Santo Domingo con su *capilla del Rosario,* se tiene como la máxima expresión del barroco poblano.
• **El Santuario de Guadalupe** –avenida Reforma y 11 Norte–, construido a principios del siglo XVIII, su fachada frontal está decorada con azulejos y sus basamentos revestidos de ladrillos sobre los cuales destacan hermosos tableros de azulejo.

Santuario de Guadalupe. Mosaico.

Sanctuary of Guadalupe. Mosaic.

• **Santa Clara,** situated on Calle 2 Norte and Calle 6 Oriente. A favourite amongst lovers, this church features the renowned image of St Anthony of "El Cuerito". Santa Clara crowns the street in which one can sample the exquisite Puebla confectionery.

• **Parish Church of San José**, situated on Calle 18 Oriente and Calle 2 Norte. Built in the 16th and 17th centuries, this church has three chapels, namely those of *Santa Ana, Los Naturales* and *Jesús Nazareno.* Both its sacristy and cupolas rank amongst the most beautiful in all Puebla.

• **La Merced**, situated on Calle 10 Poniente and Calle 5 Norte. Once part of the monastery belonging to the military order of the Brothers of Mercy, whose mission was the salvation of Christian captives and who first arrived in America in 1598. The panels and entablatures of La Merced display an ornamentation of outstanding quality.

• **Santo Domingo de Guzmán**, situated on Calle 5 de Mayo and Calle 4 Poniente. Members of the Dominican Order came to Puebla in around 1534. The first bishop and founder of Puebla, Brother Julián Garcés, was himself a Dominican and encouraged the establishment of the order in the town. The Church of Santo Domingo de Guzmán, with its *Capilla del Rosario,* is regarded as the greatest manifestation of the Puebla Baroque.

• **Sanctuary of Guadalupe**, situated on Avenida de la Reforma and Calle 11 Norte. Erected in the early 18th century, the sanctuary's main façade is decorated in tiles and its plinths are clad in bricks, above which beautifully crafted tile panels are to be admired.

La Concepción.
Convent of La Concepción.

Amparo Museum. Exterior.

Museo Amparo. Patio.
Amparo Museum. Courtyard.

• **San Agustín** –5 Sur y 3 Poniente–, fundado en 1546; el convento y su templo fueron de los de mayor extensión construidos en Puebla.
• **La Concepción** –7 Poniente y Avenida 16 de Septiembre–, convento femenino fundado en 1593, paraíso monjil, majestuoso y rico. Recientemente fue restaurado para convertirlo en un magnífico hotel.
• **La Concordia y el Patio de los Azulejos** –3 Sur, entre 9 y 11 Poniente–, fundada en Puebla bajo el patrocinio de san Felipe Neri, data del siglo XVII. El *Patio de los Azulejos* se localiza en la Casa de Ejercicio de la Hermandad, y está considerado como uno de los más bellos espacios en los que el azulejo alcanzó tratamientos extraordinarios.
• **Museo Amparo** –2 Sur y 9 Oriente–, está dedicado a perpetuar la memoria de la altruista dama Amparo Rugarcía de Espinosa Yglesias. Este museo está instalado en parte de lo que fue el **Hospital de San Juan de Letrán**, el **colegio de Niñas Vírgenes** y una casa colonial propiedad de la familia. Catalogado como uno de los mejores de América Latina, cuenta con recursos de eficiente modernidad.
• **Templo de San Francisco** –14 Oriente y Bulevar 5 de Mayo–, asentado en el barrio indígena donde se fundó Puebla, corresponde a la orden de los Franciscanos, que fue la primera que vino a América para dedicarse a la conversión cristianizante de los indígenas. En su interior, reposa el cadáver incorrupto del venerable fray Sebastián de Aparicio.

San Francisco.

Church of San Francisco.

• **San Agustín**, situated on Calle 5 Sur and Calle 3 Poniente. Founded in 1546, the Augustinian monastery and its church constituted one of the largest religious complexes to ever be built in Puebla.
• **La Concepción**, situated on Calle 7 Poniente and Avenida 16 de Septiembre. Established in 1593, this majestic, richly ornamented convent recently underwent restoration and was converted into a magnificent hotel.
• **La Concordia and the Patio de los Azulejos**, situated on Calle 3 Sur between Calle 9 and Calle 11 Poniente. This 17th-century church was founded in Puebla under the patronage of St Philip Neri. The so-called *Patio de los Azulejos* or Courtyard of Tiles, which is to be found in the *Casa de Ejercicio de la Hermandad,* is held to be one of the most beautiful examples of how tiles can be used to such extraordinary effect.
• **Amparo Museum**, situated on Calle 2 Sur and Calle 9 Oriente. Dedicated to the memory of altruist Amparo Rugarcía de Espinosa Yglesias, this museum is housed in part of what was the **San Juan de Letrán Hospital**, the **Niñas Vírgenes school** and a colonial-style house belonging to the family. Considered to be amongst the best museums in Latin America, it has a series of efficient, modern features.
• **Church of San Francisco**, situated on Calle 14 Oriente and Bulevar 5 de Mayo, in the district that was the native settlement upon which Puebla would be built. This church belonged to the Order of the Franciscans, the first to arrive in America with the intention of converting the native peoples to Christianity. Buried inside the church are the remains of venerable Brother Sebastián de Aparicio.

PASTEL

San Sebastián de Aparicio con un indígena (fotografía superior izquierda).
Parroquia de la Cruz (inferior izquierda). Parroquia de la Luz (sobre estas líneas).

St Sebastian of Aparicio with a native (top left photograph).
Parish Church of La Cruz (below left). Parish Church of La Luz (above).

Parroquia Santo Ángel de Analco. Fachada. *Parish Church of El Santo Ángel de Analco. Façade.*

• **Parroquia de la Cruz** –16 Oriente y 12 Norte–, fundada a principios del siglo XVI, se presenta como un proyecto de espacio abierto realizado en el proceso de la evangelización.

• **Santuario de la Luz** –2 Oriente y 14 Norte–, de magnífica decoración exterior en la que se contrasta la portada neoclásica de cantería con los muros revestidos del tradicional ladrillo y azulejo. Esta iglesia rige, por así decirlo, la gran tradición de loza colorada que luce el barrio de la Luz, zona de un peculiar barro idóneo para la elaboración de trastos de cocina de uso común: jarros, cazuelas moleras de campana y de media campana, cazuelas arroceras, jarras atoleras, así como tejas y albañales.

• **Parroquia del Santo Ángel de Analco** –5 Oriente y 8 Sur–, erigida en 1619, tiene un gran atrio y presencia gentil en este barrio de indios; fue construida para asistencia espiritual de los mismos.

• **Casa del Deán.** A la Casa del Deán se la tiene por sí misma como la de mayor majestad y señorío (1580). Correspondiente a un estilo rigurosamente renacentista, se presenta a los ojos del visitante mutilada en un 75%, atentado de extrema barbarie que se diera en el año de 1952, ante la generalizada protesta de la ciudadanía, que se opuso a su destrucción por un poderoso magnate para convertirla en un espacio cinematográfico por demás siniestro, atectónico y deforme. Con todo, la Casa del Deán –o lo que queda de ella– es un vestigio ejemplar cuya exaltación se debe a unos frescos supervivientes de fina pureza renacentista donde se ven representadas las sibilas, en diseños que mejor corresponderían a tapices flamencos, tan del gusto europeo.

• **Paseo Bravo.** Al norte de la ciudad ha quedado instalado el hermoso jardín público conocido popularmente como Paseo Bravo, que se extiende mostrando un fiel diseño afrancesado característico del siglo XIX.
El Paseo Bravo queda justamente frente al Templo de Nuestra Señora de Guadalupe, otro depurado ejemplo de la arquitectura barroca poblana.

Parroquia Santo Ángel de Analco. Cristo. *Parish Church of El Santo Ángel de Analco. Image of Christ.*

- **Parish Church of La Cruz**, situated on Calle 16 Oriente and Calle 12 Norte. Founded in the early 16th century, this church was built during the process of Evangelisation and features a design that contemplates open spaces.
- **Sanctuary of La Luz**, situated on Calle 2 Oriente and Calle 14 Norte. The magnificent exterior decoration of this building is characterised by the contrast between the fine masonry of its Neo-classical portal and the traditional brick and tile cladding used on its walls. The church is perhaps the best example of the great tradition in the production of coloured glazed earthenware displayed by the district of La Luz, an area that boasts its own particular kind of clay that is ideal for making many everyday kitchen utensils, such as jugs, casserole dishes, and jugs for serving *atole*, as well as for the manufacture of roof tiles and drain claddings.
- **Parish Church of El Santo Ángel de Analco**, situated on Calle 5 Oriente and Calle 8 Sur. Graced by a large atrium, this elegant church was built in 1619 to provide spiritual care for the Indian population of the district of Analco.
- **Casa del Deán**. Dating from 1580, the building known as *Casa del Deán* is regarded as the most majestic and stately construction of all Puebla. Erected in strict Renaissance style, three quarters of the original structure has since been lost, the victim of the barbaric events that took place in 1952 when, faced by overwhelming public protest, a highly influential tycoon went about demolishing the building in order to convert it into a cinema complex which, to cap it all, was an anti-aesthetic, badly-designed affair. Nevertheless, Casa del Deán – or what is left of it – remains a fine example of great architecture, its culmination being a series of surviving pure Renaissance-style frescoes that portray the Sibyls in a fashion that would seem to be more characteristic of Flemish tapestries, such is their European influence.
- **Paseo Bravo**. To the north of the town is a charming public garden that is popularly referred to as *Paseo Bravo* and whose design is remarkably reminiscent of the typical French-style gardens of the 19th century. Paseo Bravo lies directly opposite the Church of Nuestra Señora de Guadalupe, itself yet another excellent example of Baroque architecture in Puebla.

Paseo Bravo.

Introducida la elaboración de lozas y azulejos en la Nueva España, Puebla llegó a ser el centro hacedor de loza talaverana más prestigioso de México; por eso, el apogeo de esta industria se vio favorecido por la calidad de las tierras que hay en la región poblana. Arte y artesanía nutridas de la cultura árabe y de las porcelanas orientales llegadas a la Puebla en la *Nao de China,* en tránsito a la Ciudad de México-Tenochtitlan. Uno de los timbres de mayor orgullo de la creatividad poblana.

XIII. EL TEATRO PRINCIPAL

En la colindancia con el barrio indígena de El Alto, casi en la margen poniente del río de San Francisco, que fluía original y vertedor de promesas y esperanzas urbanas, habría de edificarse un *corral de comedias,* uno más de los varios que llegarían a existir en la Puebla recién fundada, para que hacia 1760 se construyera –con concentración de encuentros y reencuentros de mercaderes de clientelas– el conocido a partir de entonces, y aún ahora, como **Teatro Principal**.

Su asentamiento primero se lo debemos atribuir –con sobrada justicia– al carpintero Juan Gómez Melgarejo, quien en el gusto de ver y representar comedias instaló en su domicilio un pequeño teatro que vendría a ser el precursor del teatro profano en Puebla y, además, el iniciador sin regateos del teatro doméstico –teatro familiar– que en Puebla prendiera de manera extraordinaria para ejemplo congregante de toda la Nueva España. Esto sucedía corriendo «el año de gracia de 1613», cuando «los vecinos de la Nobilísima Ciudad de los Ángeles se aburrían soberanamente por carecer de un sitio propio para que las familias acomodadas y decentes *(sic)* se reunieran en busca de solaz y honesta diversión». Pero los problemas del teatro y las autoridades parecen ser consustantivos al quehacer teatral, por lo que pronto el teatrito carpinteril de Juan Gómez Melgarejo (a quien, dicho sea de paso, Puebla y México le deben su instalación en la memoria histriónica), sufriría en carne propia la ordenanza del Ayuntamiento para acabar con el incipiente corral de comedias que provocaba ruidos y turbaciones, risas y algarabías de aquéllos que salían de él a altas horas de la noche para romper «la tradicional quietud de la conventual población».

Fachada del Teatro Principal. *Façade of Puebla's Teatro Principal.*

Once the techniques essential to the manufacture of glazed earthenware and tiles had been introduced into New Spain, it would not be long before Puebla became the centre of production of what is the most prestigious Talavera earthenware in Mexico. Indeed, the very quality of the earth to be found in the region of Puebla was to play a vital role in the flourishing of this industry. Thus a local form of art and craftsmanship was born, one that was influenced by Arab culture and the oriental porcelain that – having crossed the seas on the vessel called *Nao de China* – arrived in Puebla on its way to the City of Mexico-Tenochtitlan. Today, Puebla earthenware constitutes one of the creative manifestations that arouse the greatest sense of pride amongst the local people.

XIII. EL TEATRO PRINCIPAL, THE MAIN THEATRE IN PUEBLA

On a site bordering on the original district of El Alto, not far from the west bank of the River San Francisco – the primary source of all hopes and expectations harboured by the town's founders –, the first open-air theatre or *corral de comedias* was built, just one of the many that in time would come to exist in the newly founded town of Puebla. Subsequently, in 1760, the theatre that has since been known as **El Teatro Principal** was erected, the scene of many an encounter between merchants and their customers.

The establishment of the theatre tradition in Puebla is to be attributed above all – and never more rightfully so – to Juan Gómez Melgarejo, a local carpenter who, as fond as he was of both watching and performing plays, set up a small theatre in his own home, one which would be the embryo of all secular theatre in Puebla and at the same time gave rise to the so-called *teatro doméstico* or family theatre, a form of entertainment that was to thrive in Puebla and serve as an example for the rest of New Spain. All this came to pass "in the year of grace 1613," when "the inhabitants of the Most Noble City of Angels were bored to death since there was no place that the well-to-do and decent families (*sic*) could go to relax and enjoy honest entertainment." However, it would seem that problems arising between the theatre and the authorities were part and parcel of all theatrical activity, and consequently the tiny theatre run by carpenter Juan Gómez Melgarejo (to whom, it has to be said, Puebla and Mexico owe their place in the history of the theatre) was to receive a closing order from the town council. The latter wished to do away with the fledgling theatre on account of the noise made by the theatregoers on leaving this particular *corral de comedias* in the early hours of the morning, thereby disturbing the "traditional quiet enjoyed by the peace-loving citizens of Puebla."

XIV. INSTITUTO CULTURAL POBLANO

A un costado del **Paseo Bravo** se muestra imponente el que fuera, primero, convento jesuita de San Javier (1751) y, posteriormente, hacia 1891, el primer alojamiento penal de trazo moderno que se construyera tomando como modelo el presidio estadounidense de Cincinnati. Finalmente, en 1985, desocupado ya el penal, se transformó en el **Instituto Cultural Poblano,** de severa y sugerente funcionalidad, en el que han quedado instaladas múltiples dependencias culturales como el **Centro de la Búsqueda Teatral**, las **Galerías Erasto Cortés Juárez** y **Ángel Márquez Figueroa**, la **Escuela de Escritores** de SOGEM, los archivos del Poder Judicial, General de Notarías y General del Gobierno del Estado, la **Biblioteca Licenciado César Garibay**, la **Escuela de Arte Teatral del Instituto Nacional de Bellas Artes** y la **Hemeroteca Juan N. Troncoso**. Lugar por demás interesante y digno de ser conocido, en cuyo patio poligonal se ofrecen espectáculos de público masivo.

Instituto Cultural Poblano. Patio interior. *Cultural Institute of Puebla. Inner courtyard.*

XIV. THE CULTURAL INSTITUTE OF PUEBLA

Flanking the **Paseo Bravo** on one side is the impressive edifice that was originally the Jesuit monastery of San Javier (1751) and which subsequently, in around 1891, would become Puebla's first modern prison, modelled on the Cincinatti penitentiary in the United States. Ultimately, in 1985, upon the closing of the prison, the building was converted into the **Cultural Institute of Puebla**, which, serving both sober and inspirational purposes, houses a myriad of cultural institutions. Examples of the latter are the **Centro de Búsqueda Teatral**, the **Erasto Cortés Juárez** and **Ángel Márquez Figueroa Galleries**, the **SOGEM School of Writers**, the archives belonging to the judiciary, the General Archives of the Notary Profession and the Puebla State Government, the **Licenciado César Garibay Library**, the **School of Drama of the National Fine Arts Institute** and the **Juan N.Troncoso Newspaper and Periodicals Library**. The Cultural Institute is therefore well worth a visit and its polygonal courtyard is furthermore often the venue for mass-audience shows.